Dr. Peter Mayer • Angela Ochel

Mühlheim am Main

mit offenen Augen entdecken

Mühlen, Stadtbild

Natur und Umwelt

Kultur

Erholung, Sport

Industrie, Verwaltung

Rodau-Mündung

Mainfähre

Main

Kläranlage

Main-Auen

Altstadt / St. Markus

Stadtmuseum

Willy-Brandt-Halle
Gerdas kleine Weltbühne

Mainufer

Schleuse Mühlheim

Brückenmühle

Mühlheim

Dietesheim

HSGB [1]

Bürgerpark

Höhere Schulen

S-Bahn-Station

Polizeihundeschule

Hallenbad

Wasserturm

Rote Warte

Rathaus

Polizeischule [2]

Rolls-Royce-Museum [3]

Sportplätze

S-Bahn-Station

Kulturhalle SCHANZ

manroland (Druckmaschinen)

Bieber-Mündung

Naherholungsgebiet
ehemalige Basaltbrüche
z. T. unter Naturschutz

Sportplätze

Industriegebiet

Augenwald-Gebiet

Vereinsgelände
„Am Maienschein"

Markwald

Mühlheims geographischer Mittelpunkt

Streuobstwiesen
Gailenberg

Bieber

Rodau

Naturschutzgebiet
„Mayengewann"

Stadtwald

Lämmerspiel

Stadtwald

Sportplätze

Landhaus-Hotel Waitz

Freibad

Mühlheim

Landkreis Offenbach

© Kartengrundlage:
Hessische
Verwaltung für
Bodenmanagement
und Geoinformation

[1] Hessischer Städte- und Gemeindebund (HSGB)
[2] Hessische Bereitschaftspolizei, Standort Mühlheim
[3] Ab Mitte 2009 geschlossen

Die Stadt Mühlheim am Main liegt im Rhein-Main-Gebiet südlich des Mains zwischen den Städten Offenbach und Hanau. Auf Mühlheimer Gemarkungsgebiet fließt die Bieber in die Rodau, ein Stück weiter mündet diese in den Main.

Die Stadt besteht aus drei Stadtteilen: Mühlheim, Dietesheim (eingemeindet seit 1. April 1939) und Lämmerspiel (eingemeindet seit 1. Januar 1977) sowie den Wohngebieten Markwald und Rote Warte.

Mühlheim liegt 103 Meter über NN und grenzt im Norden an die Stadt Maintal (Main-Kinzig-Kreis), im Osten an die Stadt Hanau (Main-Kinzig-Kreis), im Süden an die Stadt Obertshausen (Landkreis Offenbach) und im Westen an die kreisfreie Stadt Offenbach.

Weitere Informationen:

Fläche: 2073 ha
Einwohnerzahl: 28.279 (Jan. 2008)
Bundesland: Hessen
Reg.-Bezirk: Darmstadt
Landkreis: Offenbach am Main

Städtepartnerschaften:
Saint-Priest (Frankreich), seit 1966
Tiefenort (Thüringen), seit 1990

Quelle: www.muehlheim.de

Fotos: Peter Mayer • Texte: Angela Ochel

Bilder mit der Signatur **Ma** wurden von Peter Mayer am Computer künstlerisch verändert.

> Kein Schriftsteller hätte eine Geschichte wie die des braven Ritters Don Quichote erzählen mögen, wenn dieser mit seinem Pferd gegen surrende Windräder hätte anrennen wollen.

Mühlen und Technik.

Alte Wind- und Wassermühlen kommen uns vor wie behäbige Vertreter einer anderen Welt. Ihre modernen Enkel, die schlanken Windräder, haben ihren Charme weitgehend eingebüßt. Mühlen sind Grundpfeiler der industriellen Revolution, die den Menschen befähigte, sich, befreit von der soliden Arbeit der Nahrungsmittelbeschaffung und -verarbeitung, mit technischen Weiterentwicklungen zu befassen. Aber auch mit Kunst und Kultur.

In Mühlheim am schönen Main, einer Stadt, die ihren Namen den vielen Wassermühlen verdankt, gab es diesen hart erkämpften Fortschritt, der uns heute zuweilen romantisch erscheint. Die Technik aus hölzernen Zahnrädern, Wasser- und Hebelkraft mag archaisch anmuten, hat sich dennoch ihre Faszination bewahrt.

Die Lage und das Aussehen der meisten Mühlen an Rodau und Bieber sind heute nur noch zu erahnen. Mit Hilfe von steinernen Wegweisern und Straßenschildern können wir ihre ehemaligen Standorte wiederentdecken. Ihre Namen wechselten je nach Besitzer. Bekannt sind sie uns noch als Mainmühle, Kretzermühle, Lindenmühle, Dorfmühle, Brückenmühle, Straßenmühle, Hildebrandsmühle, Seipelsmühle und Rickertsmühle. In Lämmerspiel gab es ebenfalls eine Dorfmühle.

Die Geschichten der Müllerdynastien sowie der Werdegang der einzelnen Mühlen (von denen drei durch den späteren Rodaudamm von der Wasserzufuhr abgeschnitten wurden) sind spannend zu lesen und durch die unermüdliche Arbeit des Geschichtsvereins vor dem Vergessen bewahrt.

---

1 Die Brückenmühle, auch Krebsmühle genannt, wurde 1576 erstmals urkundlich erwähnt.

2 Die ehemalige Lindenmühle dient heute als Wohnhaus.

3 Die abgerissene Kretzermühle.

4 Tafeln am Mühlenwanderweg erinnern an vergangene Mühlen.

rechts Das Rad der Brückenmühle.

Ähren Roggen (links)
Weizen (rechts)

Mitte „die kühne Müllerstochter".
Zeichnung: Wilhelm Busch

unten Im alten Bachbett der Rodau
gefundene Mühlsteine.

Mühlheim, Stadt der Mühlen.

In Mühlheim kennt man spannende Geschichten über die ersten Landwirte und Müller, über Kirchenmänner und Kaufleute. Fachwerk zeugt von dieser Zeit. Alte Bräuche erinnern an eine Vergangenheit, in der wackere Männer und Frauen sich und ihre Familien von den Erträgen trockener Äcker ernähren und dem Lehnsherrn oder der Kirche hohen Zins zahlen mussten. Von ihrer Tüchtigkeit kündet heute schönes altes Fachwerk. Der Abthof ist ein besonders prächtiges Beispiel. Aber auch die Kirchen, die alten Schulgebäude, die alte Post. Doch vor allem die Mühlen sind es, die Mühlheim am Main ausmachen.

Der Müller kommt uns heute romantisch daher. Verbunden mit Schrot und Korn erweckt er in uns das Bild eines soliden Mannes, der mit dem ursprünglichsten aller Nahrungsmittel untrennbar verbunden ist.

Doch in der damaligen Zeit war der Müller nicht so angesehen wie vermutet. Argwöhnisch betrachteten die Menschen das knarrende und knirschende Zahnradwerk im Inneren der Mühlen. Teufelszeug mochte das sein, was aus einem prallen Sack Getreide einen Beutel Mehl machte. Jedesmal fehlte etwas. So schien es, weil damals niemand wusste, dass die Erwärmung beim Mahlen einen leichten Gewichtsverlust mit sich bringt.

Die schöne Müllerin mag es wohl gegeben haben, doch wollte kaum ein Bursche sie heiraten, so appetitlich sie uns heute auch erscheinen mag mit weißem Schürzchen und lockigem Haar, besungen von unseren romantischen Lyrikern.

Die Tochter eines Müllers zu heiraten, konnte für jeden jungen Mann mitunter ein sozialer Abstieg sein.

Glücklicherweise haben sich die Sitten verändert und in Mühlheim darf sich jedes Mädchen heute wie eine schöne Müllerin vorkommen.

Molendinum supra pontem.

Gemeint ist die Brückenmühle südlich der Rodaubrücke der Offenbacher Straße. Sie ist die einzige Mühle, deren Mühlrad erhalten und die bis heute mahlfähig ist.

Laut Überlieferung wurde sie ca. 1545 gebaut und kann eine bewegte Geschichte vorweisen. Zahlreiche Müllerfamilien betrieben sie, bauten sie um, verbesserten ihre Technik. Nach dem letzten Besitzer Anton Krebs wird diese Mühle auch Krebsmühle genannt.

Bei der 2008 erfolgten Sanierung des Rodau-Damms erhielt der Mühlgraben eine Fischtreppe. Das majestätische Mühlrad wird noch regelmäßig und bei besonderen Anlässen in Bewegung gesetzt. So auch beim jährlichen Mühlentag. Das Rad treibt jedoch kein Mahlwerk mehr an.

1 Die Brückenmühle im Frühling.
2 Der Mahlgang mit dem Einfülltrichter.
3 Die großen Antriebsräder im Erdgeschoss der Mühle.

Mühlheims reizvolle Umgebung im Wandel der Jahreszeiten.

1 Main bei Dietesheim.   3 Admiral.   5/8 Mainaue.   9 Vogelsberger See.   11 Mainufer an der Fähre.   14 Bei der Kläranlage.

2/12 Gailenberg.   4/6/13 Stadtwald.   7 Bieberaue.   10 Pappel vor der Rodaumündung.   **rechts** Mühlheim vom Mainuferweg aus gesehen.

Frühling

Im Frühjahr.

In der klimatisch begünstigten Rhein-Main-Ebene zieht der Frühling ein wenig zeitiger ein als in den etwas höher gelegenen benachbarten Regionen.

rechte Seite
Die alten Eichen am Waldrand vor der Käsmühle.

... im Tale grünet Hoffnungsglück J. W. v. Goethe

Ma

Sommer

1 Im Naherholungsgebiet.   2 Das Viadukt am alten Lorenweg.   3 Kiefern am Gailenberg.   4 Vogelsberger See.

Herbst

1 Apfelbäume, Gailenberg. 2/3 An der Rodau-Mündung. 4 Die Fähre Mühlheim – Dörnigheim.

1 Bieberwiesen vor der Käsmühle.   3 Bieber hinter der Ulmenstraße.   5 Mainuferweg Höhe Kläranlage.   **rechts** Bieberer Weg im Augenwald-Gebiet.
2 Seerosenweiher.   4 Waldweg am Gailenberg.   6 An der Fähre.

Winter

Ein Blick zurück.

Im heutigen Mühlheimer Stadtgebiet gab es einst vier Siedlungen: Dietesheim, Meielsheim, Mühlheim und Lämmerspiel.

Meielsheim lag zwischen Mühlheim und Lämmerspiel, verschwand im Mittelalter spurlos und ist in der Karte links schon nicht mehr eingezeichnet. Die übrigen drei Gemeinden waren lange Zeit selbstständige Dörfer. Während zwei Gebietsreformen wurde 1939 Dietesheim eingemeindet, 1977 Lämmerspiel.

links Karte des Gebiets um 1650.
mittl. Reihe Mühlheimer Landwirtschaft um 1900.
unten Ortspläne aus dem 19. Jahrhundert.

Quelle: Mühlheimer Geschichtsverein

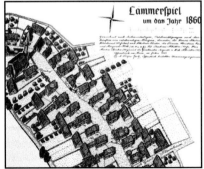

Mühlheims geographischer Mittelpunkt.

Früher einmal waren Marktplatz und Kirche der Mittelpunkt, zumindest der kulturelle.

Der geographische Mittelpunkt ist etwas Anderes. Er hängt ab von der Lage aller Gebiete einer Gemeinde, egal ob bebaut, egal ob Wiese, Wald oder Wasser. Durch Zugewinn oder Gebietsverlust verschiebt er sich. So auch im Falle Mühlheim durch die Eingemeindung von Dietesheim und Lämmerspiel.

Wo liegt denn Mühlheims geographischer Mittelpunkt heute? Im Wald. Genauer gesagt bei einer großen Eiche, ein Stückchen östlich von der Lämmerspieler Straße knapp hinter den letzten Häusern. Siehe Plan auf Seite 2.

Einen Mittelpunkt zu haben ist schön und stärkt das Selbstbewusstsein. Aber einfach so im Wald gelegen – wenig schmeichelhaft?

Durchaus nicht! Denn die Mühlheimer können stolz sein auf ihr schönes großes Waldgebiet mit den eindrucksvollen Seen im Erholungsgebiet und den Streuobstwiesen auf dem Gailenberg.

Bild unten   Mühlheim heute:
Blick vom Turm der Kläranlage.
Im Hintergrund das Kohlekraftwerk Staudinger
und der Spessart.

Aus dörflicher Zeit.

Wie das Modell der Mühlheimer Altstadt zeigt, hatte St. Markus früher eine einfache Turmspitze.

Mühlheim. 1) M. an der Donau
— 2) M. in Hessen, Dorf in der hess. Prov. Starkenburg, am Main, 5418 E. (S. auch Mülheim.) **Mühlsteine**, s. Mahlgang.

Brockhaus-Lexikon von 1910

1 Das Mühlheimer Altstadt-Modell im Foyer des Rathauses.

2 Das alte Wachthäuschen in der Marktstraße.

3 Mühlheim, der Abthof in der Pfarrgasse.

4 Lämmerspiel, Bischof-Ketteler-Straße.

5 Dietesheim, Obermainstraße.

Industrie in Mühlheim.

Um 1880. Die Industrialisierung erreicht Mühlheim. Eine neue Zeit beginnt, in der Mut und Wagnis dicht beieinander liegen. Es entstehen die Farbwerke Mühlheim, dazu ein modernes Gaswerk und zugleich die Bahnlinie Frankfurt – Bebra.

Backsteinhäuser, in freundlichem, warmem Rot oder Gelb gehören seitdem so in das Stadtbild Mühlheims, dass sie gar nicht mehr so recht wahrgenommen werden. Prächtig erscheinen sie mit ihren eleganten Fassaden. Solide und kraftvoll zwischen schlichten Neubauten oder funktionalen Familienhäusern.

Die bemerkenswerten Details wie Fensterladenhalter, Türrahmen- und Giebelverzierungen, Schnitzereien am Dachstuhl zeigen die Liebe und den guten Geschmack derer, die sie einst errichteten. Damals waren es einfache Häuser, die eiligst erbaut wurden, um den Fabrikarbeitern ein Zuhause zu geben. Ganze Straßenzüge erstanden im selben Stil.

1 Die Farbwerke im Jahre 1910.   Quelle: Geschichtsverein
2 Damals in der Mainstraße, Haus Nummer 2.   Foto: Familie Schmitt
3 – 6 Alte Fensterladenhalter.

Die Russenziegel.

Die älteren Backsteinhäuser bestehen überwiegend aus so genannten Russenziegeln. Als „Russe" wurde übrigens jemand bezeichnet, der nicht aus Mühlheim kam.

Arbeiter aus den östlichen Ländern verdienten meist ihren Lebensunterhalt in kleinen Ziegeleien am Ortsrand, nach Köhlerart ohne Ziegelöfen im so genannten Feldbrand. Wer es sich leisten konnte, gönnte seiner Hausfassade zur Straße hin eine geschmackvolle Zierde mit farbigen Ziegeln.

1 / 2	Aus Russenziegeln erbautes Haus in der Friedrichstraße.
3	Wohnhaus in der Lessingstraße.
rechts	Ehemalige Baustoff-Vielfalt: farbige Ziegel, Schiefer, Basalt in verschiedener Qualität, Sandstein.

Erholung pur verspricht der Stadtwald.
Die Eichen zwischen Mühlheim und Lämmerspiel.

Wo einst die Mühlräder in die Fluten griffen, greifen nun
Kinderhände ins kühle Nass. Die ehemalige Bleichwiese
an der Rodau hinter St. Markus wurde zum
Wasserspielplatz.

Majestätisch: Bäume im Bürgerpark.

Dietesheimer Basalt.

Basalt ist vulkanischen Ursprungs und vom Erscheinungsbild eher grau bis schwarz, zuweilen auch bis hin zum Grünlichen. Er war leicht abzubauen.

Im Vogelsberg ist Deutschlands größtes Vorkommen. Lange Zeit wurde Basalt zur Pflasterung von Staßen und Gehwegen benutzt, doch wegen der Rutschgefahr bei Nässe verwendet man ihn nun vorwiegend als Schotter beim Straßenbau.

Diddesemer Basaltköpp.

Dietesheim, oder wie die Alteingesessenen sagen: „Diddesem", ist seit 1939 ein Stadtteil von Mühlheim.

Die Einwohner nennen sich selbst auch gerne mal „Basaltköpp". Nicht ohne Stolz, denn Basalt wurde hier bis 1982 abgebaut.

Die ehemaligen Steinbrüche sind nun ein reizvolles Erholungsgebiet.

1 (links) Steinbrucharbeiter anno dazumal.
Foto: Geschichtsverein

2   Untermainstraße mit Gustav-Adolf-Kirche.

3   Wohnhaus des Steinbruchbesitzers
     in der Hanauer Straße.

4   Das Untere Maintor nach der Sanierung der
     Hochwasserschutzmauer im Jahre 2008.

Die Wendelinuskapelle.

Obwohl Wendelinus aus einem Königshaus stammte, entschied sich der demütige und als gelehrt geltende Königssohn zu einem bescheidenen Leben im Dienste Gottes.

Der Legende nach ließ sich sein Leichnam nicht von den Mönchen begraben, sondern lag immer Tags darauf neben seinem Grab. Schließlich legte man den Toten auf einen Wagen, welchen Ochsen ganz von allein zu Wendelinus' alter Betstatt zogen, wo sein Leichnam endlich zur Ruhe gebettet wurde.

Wendelinuskapelle

Erstmals erwähnt wurde die Örtlichkeit als "Heiliges Hus" um 1450 im Ackerbuch der Nonnen von Patershausen. Der Kapelle war ein heute verschwundener Bildstock benachbart. Das aus Basalt und Buntsandstein errichtete Gebäude lag im Viehtrieb der Dietesheimer in die Hutewälder der Bieger Mark. St. Wendelinus wird angerufen zum Schutz der Landwirtschaft und zur Gesunderhaltung des Viehs.

Sanierung 2004 mit Unterstützung der Dietesheimer und Mühlheimer Bürgerinnen und Bürger.

MAGISTRAT DER STADT MÜHLHEIM AM MAIN

St. Wendelinus ist der Schutzheilige der Bauern, Tagelöhner und Landarbeiter. Er wird oft zusammen mit Tieren dargestellt.

Sein Gedenktag ist der 20. Oktober.

oben Die Wendelinuskapelle auf dem Alten Friedhof in Dietesheim und das Hinweisschild an der Kapelle.
links Der Altar der Kapelle.

Dietesheimer Fischerei.

Ursprünglich war der flache Main mit seinen Inseln und Sandbänken das fischreichste Gewässer weit und breit. Gefangen wurde mit Reusen (Hamen) am Ende sogenannter Gefache mit festen Leitwänden aus Pfählen, die in Reihen quer im Fluss standen und sich trichterförmig gegen die Strömungsrichtung öffneten. Dies waren schonende Fangeinrichtungen. Ihre Herstellung wurde mündlich von Generation zu Generation weitergegeben.

Das Dietesheimer Fischgebiet war einst so begehrt, dass sich die einheimischen Fischer, welche zur alten Steinheimer Fischereizunft gehörten, mit den Mainzer Bischöfen und den Hanauer Grafen um die Fangrechte stritten. Mit der Großschifffahrt verschwanden die Gefache im Main.

Früher gab es im Main über 30 Fischarten, heute sind es nicht mehr so viele.

Barsch   Karpfen

Hecht

oben	Weistum der Bieger Mark. Beginn der Urkunde von 1385.
Mitte	Der kleine Dietesheimer Fischerhafen im Jahre 2002.
unten	Die Meisterprüfung im Fischereihandwerk 1958.

Foto: B. Kaiser, Dietesheim

Lämmerspiel blickt auf eine bewegte Zeit zurück.

Woher der Name Lämmerspiel stammt, darüber ist man sich nicht einig. Er könnte einem Eigennamen wie „Liemar" entlehnt oder ein Hinweis auf die besondere Bodenbeschaffenheit des seit dem 11. Jahrhundert erwähnten Ortes sein. Denn in Lämmerspiel ist der Boden sehr lehmhaltig.

Im 12. Jahrhundert erwarb das Kloster Fulda Besitz in Lämmerspiel. Im Mittelalter war Lämmerspiel Teil der Biebermark (auch Bieger Mark genannt). Die umliegenden Wälder gehörten zum Wildbann Dreieich. 1425 wurde der Ort wie viele seiner Nachbarorte von den Herren von Eppstein zusammen mit dem Amt Steinheim an das Kurfürstentum Mainz verkauft. 1803 wurde Lämmerspiel nach der Säkularisation hessisch. Nach der Aufteilung der Biebermark im Jahr 1819 erhielt der Ort einen Anteil des Markgebietes, den späteren Gemeindewald.

1977 wurde Lämmerspiel bei der Gemeindegebietsreform nach Mühlheim eingemeindet.

1 Der Platz an der Bachgasse.
2 Der Name Waitz ist ein Synonym für gutes Essen.
  ***** machen Lämmerspiel zu einem Treffpunkt für Gourmets.

rechts Die Bischof-Ketteler-Straße mit dem Turm von St. Lucia.

Mühlheim, eine moderne Stadt im Ballungsraum.

1   Das Mühlheimer Rathaus.
2   manroland, zweitgrößter Druckmaschinen-Hersteller.
3   Heberer, im ganzen Land für Brot bekannt.
4   Stadtwerke Mühlheim.
5   Der Stadtbus.

Die Mühlheimer mögen keine Hochhäuser, lieben dafür ihre Türme.

Traditionell sind Türme, weithin sichtbare Landmarken, die Wahrzeichen einer Stadt. In Mühlheim sind die beiden höchsten St. Markus und der Wasserturm.

Die schlanke Spitze von St. Markus wurde im Jahre 1900 aufgesetzt und ergibt zusammen mit dem wehrhaft wirkenden unteren Teil eine stolze Höhe von 49 m.

1 Der Turm von St. Markus.

2 St. Markus in früher Zeit.
   Zeichnung: Karl Bonifer

3 Der Mühlheimer Wasserturm.

Der wuchtig aufragende Wasserturm bringt es auf 42 m. Er wurde 1912–1914 erbaut. Sein großer Ausgleichsbehälter auf 35 m Höhe fasst 500 m³ und hilft auch heute noch, den Druck im Wassernetz unserer Stadt konstant zu halten.

176 Stufen muss man steigen, um zur Aussichtsplattform über dem Wasserbehälter zu gelangen. Ein imposanter Rundblick ist die Belohnung dafür. Im Westen erscheinen am Horizont die Hochhäuser von Frankfurt. Bei klarem Wetter sieht man die umliegenden Höhenzüge von Taunus, Spessart, Odenwald und Vogelsberg.

Mühlheims Kirchen wurden zu eng.

Nach dem zweiten Weltkrieg führte die starke Zunahme der Einwohnerzahl auch in Mühlheim zur Erweiterung der Kirchen. Nur die beiden Dietesheimer Gotteshäuser blieben unverändert. So erfreut der gotische Charakter von St. Sebastian noch heute das Auge.

1 St. Sebastian, Dietesheim.
2 Gustav-Adolf-Kirche, Dietesheim.
3 Die Friedenskirche in der Mozartstraße.
4 Der Chor von St. Markus.
5 Seitenraum von St. Lucia, Lämmerspiel.

Zeitreise durch Technik und Luxus

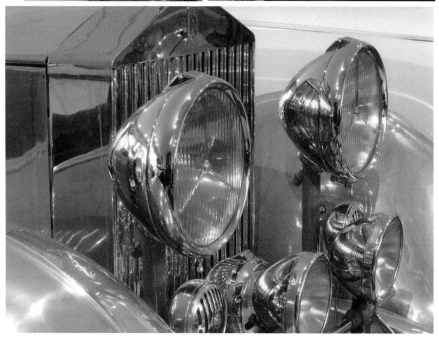

Herr Zach mag es nobel.

Er hat einen erlesenen Geschmack. 24 seltene Rolls-Royce und 3 Bentleys bilden den Kern seiner einzigartigen Privatsammlung. Eine phantastische Reise durch blanken Chrom und britischen Charme.

2009 steht die Sammlung überraschend zum Verkauf.

Lange Zeit lieferte Rolls-Royce lediglich das Fahrgestell plus Motor. Der Käufer entschied, welcher Karosseriebauer den Aufbau erstellte. So konnten persönliche Wünsche am besten verwirklicht werden, und deshalb ist fast jeder alte Rolls-Royce heute ein Meisterstück mit individuellem Charm und eigener Geschichte.

Der Star des Museums ist in wahrstem Sinne der „Stern von Indien" (die zwei unteren Fotos). Er rollte im Juli 2000 in die Sammlung. Ein Jahr später kam sein schwarzer Tag. Auf dem Weg zum TÜV fing er an einem heißen Freitag durch ausgetretenes Benzin Feuer, wurde mühevoll wiederhergestellt und ist seitdem immer mal wieder bei besonderen Gelegenheiten auf der Straße unterwegs. Jeder der ihn sieht, freut sich daran.

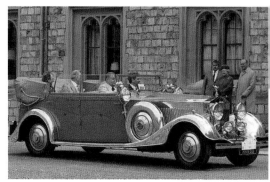

Foto: Museum

Von Hans-Günter Zach persönlich gefahren, nahm dieser edle „Stern" im Jahre 2002 an den Feierlichkeiten zum goldenen Krönungsjubiläum der englischen Königin teil.

Zeitreise
durch
Mühlheims
Vorgeschichte

Moustier-Spitze

Spitzschaber

Glockenbecherkultur

Becher in Glockenform gaben dieser Kultu
Namen. Es spricht viel dafür, daß das sehr
Ausschwärmen der Glockenbecherleute na
er Erzsuche diente.

Glockenbecher
mit Schnurabdrücken
verziert

Pfeilspitzen
der Glockenbecherkultur

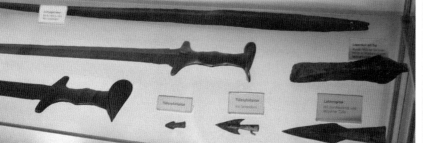

Das Stadtmuseum
Ecke Marktstraße / Offenbacher Straße.

Ein Blick in die frühgeschichtliche Sammlung.
Eingerichtet und wissenschaftlich begleitet
von der Mühlheimer „Arbeitsgruppe Vor- und
Frühgeschichte".

Mühlheimer sind kunstliebend.

Hier gibt es Kleinkunst ebenso wie große Veranstaltungen, Galerien, Lesungen, Theatergruppen, Chorgesang, die Mühlheimer Künstlerwerkstatt und mehr. Kulturelle Veranstaltungen bieten viel Raum zur eigenen Entfaltung.

1 Im Schanz.
2 Gerdas kleine Weltbühne.
3 Duo Ohrenschmaus.
4 Künstlerfest in der Willy-Brandt-Halle.
5 Die ehemalige Galerie Regenbogen.
6 Die Mühlheimer Künstlerwerkstatt
   beim „Malen im Freien".

Der in Hanau geborene **Paul Hindemith** (1895 – 1963) verbrachte einen Großteil seiner Jugend in Mühlheim in der Hirschgasse 11. Mit seiner Kompositionslehre und seinen Werken wurde er später weltbekannt und gilt als einer der Wegbereiter der modernen Musik. Kleines Bild: die Tafel an der Hauswand.

Steine und Steinskulpturen begegnen dem aufmerksamen Betrachter an vielen Stellen in Mühlheim.

1 Die Schlange in der Schillerstraße.
2 Der „Müllerborsch" am Rathaus.
3 Basaltsäulen hinter dem Jugendzentrum im Bürgerpark.

Mühlheims Zukunft.

Nicht selten erkennt man die Lebensqualität einer Stadt daran, wie wohl sich Kinder hier fühlen. Spielplätze, Sport und Veranstaltungen in einer intakten Natur tragen in Mühlheim ihren Teil dazu bei, die Jugend zu fördern und ihr Platz für Entfaltung zu bieten.

1 Dietesheim, Bolzplatz am Main .   **2** Ein Spielplatz am Talweg.   **3** Im Erlebnisgarten „Elsternest".   **4** Der Pausenhof der Goetheschule.

Hallenbad ⋒ stadtwerke

...ung, Boote kreuzen!

1   Viel Platz für Fußball.
    Das Sportgelände an der
    Anton-Dey-Straße.
2 / 3 Spiel und Sport am Main.

Mühlheimer feiern gern.

In Mühlheim gibt es über 100 Vereine. Jedes Jahr richten sie eigene Feiern aus oder unterstützen bei größeren Festen.

So ist das ganze Jahr über für allerlei Vergnügung gesorgt.

1	Bei den Naturfreunden am Maienschein.
2	Mühlentagsfest ist jeweils am Pfingstmontag.
3	Deich-Einweihung in Dietesheim.
4 / 5	Der traditionelle Faschingsumzug.
6	Ein Fest an der Rodaumündung.
7 / 8	Der Weihnachtsmarkt in der Altstadt.
rechts	Mühlheimer Kerb am Bürgerpark.

Die Natur erobert die Steinbrüche zurück.

1982 wurde hier in Dietesheim inmitten von schönem Grün der letzte Basalt gebrochen. Als die schweren Maschinen verschwunden waren, blieben tiefe Narben im hellbraunen Felsen, die von oben wie von unten mit Wasser gefüllt, und damit liebevoll geheilt wurden. Es entstand ein in der Rhein-Main-Region einzigartiges, bizarr und wild anmutendes Idyll, das den Spaziergängern zuweilen die Sprache verschlägt.

Zu Recht steht ein großer Teil der heutigen Seenlandschaft unter Naturschutz.

1–4 Vogelsberger See, der schönste See im Erholungsgebiet.
5 Zugefrorener Oberwaldsee.

Der Gailenberg.
Wo der Kuckuck ruft und Magerrasen wächst.

Das Streuobstwiesen-Gebiet mit dem seltsamen Namen „Gailenberg" entstand einst als Rodungsinsel auf einem Basalt-Buckel mit trockenem Boden, gut für Apfelbäume und Getreide.

Vor einigen Jahren wurde damit begonnen, das mit der Zeit verwilderte Gebiet wieder herzurichten. Vereine und Bürger pflanzten junge Obstbäume in vorhandene Lücken. So wurde der Gailenberg von Obstbäumen zurückerobert. Zu jeder Jahreszeit ein besonderes Erlebnis für Menschen, die Ruhe suchen.

oben
Die Streuobstwiesen im Wandel der Jahreszeiten.

unten
Apfelblüten / Apfel / Parasolpilz / Karthäusernelke.

Auch an der Bieber standen früher Mühlen.

Die Bieberquelle liegt zwischen Dietzenbach und Götzenhain, nicht weit von der Rodauquelle entfernt. Aber da nimmt die Bieber ihren eigenen Lauf. Ebenso wie die Rodau führte die Bieber einst genug Wasser, um Mühlen anzutreiben.

Am Rande des Markwaldgebiets wurde die Bieber kürzlich renaturiert. Bei der ehemaligen Hildebrandsmühle mündet sie in die Rodau.

1 – 3   Bieberwiesen.
4   An der Mündung der Bieber in die Rodau.

Genau genommen liegt Mühlheim an der Rodau und nicht am Main.

Die Rodau hat ein großes Einzugsgebiet und führt deshalb bei Regen schnell viel Wasser. Zudem bringt jedes Mainhochwasser einen Rückstau. Daher wurde die Rodau im Stadtgebiet schon 1925/26 eingedeicht.

1   Die Gärten an der Hildebrandsmühle.
2   Die renaturierte Rodau am Bürgerpark.
3   Am Rodaudamm hinter St. Markus.
4/5   Vor und an der Mündung in den Main.

Ein Fluss trennt und verbindet,
gibt und nimmt.

... alles ist im Fluss.

oben	Blick vom Schleusensteg in Richtung Taunus.
Mitte	Viel Betrieb an der Schleuse.
unten	Leben am Fluss.

Die Schleuse Mühlheim.

1883 begann der Ausbau des Mains als Schifffahrtsstraße. Seine 34 Schleusen verbinden heute zusammen mit den 11 Schleusen des Main-Donau-Kanals die Nordsee mit dem Schwarzen Meer.

Die Mühlheimer Schleusenanlage wurde 1980 erneuert. Die Schleusenkammer hat eine Länge von 300 m, eine Breite von 12 m und überwindet eine Fallhöhe von fast vier Metern.

Mühlheims Main.

Der Main ist ein Nebenfluss des Rheins und mit 524 km Fließstrecke der zweitlängste Fluss innerhalb Deutschlands. Sein Flusslauf führt, was für mitteleuropäische Flüsse ungewöhnlich ist, von Osten nach Westen.

Der keltische Name „Moine" oder „Mogin" bedeutet soviel wie „gekrümmte Schlange". Dieser Name wurde unter den Römern latinisiert in „Moenus", im Mittelalter in „Moyn" abgewandelt, und ist im 14. Jahrhundert dann zu „Meyn" und schließlich zu „Main" und hier auf Hessisch zu „Maaa" geworden.

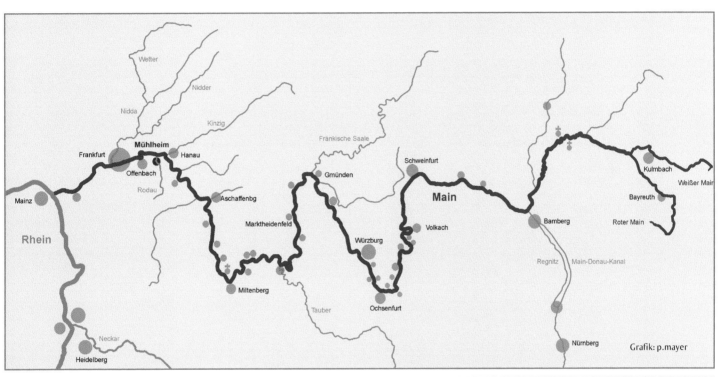

Wir danken

dem Geschichtsverein Mühlheim am Main e.V. für die Überlassung der historischen Fotos.
Peter Hildebrand für seine sachkundigen Ratschläge.

Marcel Czyszkowski,
Petra Hopfgarten,
Bernd Klotz,
Marion Mayer,
Vera Mayer,

für die freundliche und tatkräftige Unterstützung bei der Vorbereitung und Publikation.

Besonderer Dank gilt unseren Familien für ihren verständnisvollen Beistand.

www.angelaochel.de
www.pmayermue.de

Angela Ochel   Peter Mayer

Printed in Great Britain
by Amazon